PAPIER À BASE DE FIBRES CERTIFIÉES

hachette s'engage pour l'environnement en réduisant l'empreinte carbone de ses livres. Celle de cet exemplaire est de :
250 g éq. CO_2
Rendez-vous sur www.hachette-durable.fr

Publié pour la première fois par Golden Books, une collection de Random House Children's Books, une division de Penguin Random House LLC, 1745 Broadway, New York, NY 10019, et au Canada par Penguin Random House Canada Limited, Toronto.

Loi n° 49-956 du 16 juillet 1949 sur les publications destinées à la jeunesse. Édition 01.
Traduction : Catherine Kalengula.
Maquette : NoOok.
Dépôt légal : octobre 2023. Achevé d'imprimer en octobre 2023 par Pollina en France - 47651.

DreamWorks

Trolls

Band Together

L'ALBUM DU FILM

hachette
JEUNESSE

Ce matin, les Trolls sont surexcités. En effet, un grand événement s'annonce à Bergenville : le roi Graillon et Brigitte vont se marier ! Tout le monde est invité bien sûr, y compris Poppy, Branche et Ti Diamant.

C'est alors qu'en pleine cérémonie, quelqu'un se met à crier :

– Arrêtez ce mariage !

Ce Troll se nomme John Dory, et il s'agit du frère de Branche. S'il a interrompu la cérémonie, c'est pour une bonne raison : un autre de leurs frères, Floyd, a été capturé par deux chanteurs ! Ceux-ci l'ont enfermé dans un flacon de parfum en diamant pour lui voler son talent de Troll. Alors, John a besoin de l'aide de ses frères, Branche, Spruce et Clay pour le secourir.

Il explique aussi que des années auparavant, ils chantaient tous ensemble dans un super groupe appelé : BroZone.

– BroZone ? s'écrie Poppy. J'adore BroZone ! Branche, tu dois aller sauver Floyd ! Je viens avec toi !

– Moi aussi ! lance Ti Diamant.

Voici comment John Dory, Branche, Poppy et Ti Diamant embarquent à bord d'un drôle de véhicule : un van coloré qui ressemble à un tatou et qui s'appelle Rhonda.

Place à la mission de sauvetage !

Premier arrêt : la station balnéaire ensoleillée de l'île des Vacances, pour retrouver Spruce. Celui-ci est heureux de revoir ses frères. Mais il se fait appeler Bruce désormais, car pour lui, l'époque de BroZone est bel et bien terminée.

Malgré tout, les trois frères ne peuvent résister à l'envie de chanter ensemble. Et ça fonctionne toujours aussi bien !

– Si on réussit à atteindre l'harmonie familiale parfaite, le flacon en diamant volera en éclats ! affirme John Dory. Et Floyd sera libre !

Bruce accepte d'aider ses frères à libérer Floyd.

– Qui sont les deux méchants chanteurs qui l'ont emprisonné ? demande Branche.

– Une sœur et un frère nommés Velvet et Veneer, répond John Dory. Sans le talent de Troll de Floyd, ils seraient incapables de chanter.

Deuxième étape : retrouver Clay. Pour cela, Branche fait renifler quelque chose à Rhonda : un vieux slip de son frère retrouvé dans les affaires du groupe ! Histoire d'aller plus vite, Ti Diamant appuie sur le bouton rouge du véhicule. Celui où il est écrit : Turbo Disco !

ZOOOOM !

Rhonda conduit le groupe jusqu'à un mini-golf abandonné de Bergen. S'y cache un groupe de Trolls, dont fait partie Clay, car ceux-ci ne savent pas que les Trolls et les Bergens sont devenus amis. Viva, leur chef, est ravi de voir les nouveaux arrivants. Mais elle est encore plus excitée lorsqu'elle découvre que Poppy est...

… sa sœur dont elle ignorait l'existence jusqu'ici !

– Je n'arrive pas à y croire ! se réjouit Poppy. J'ai toujours rêvé d'avoir une sœur.

Viva aimerait que Poppy reste avec elle au mini-golf, où elles seraient toutes les deux en sécurité. Mais Clay rappelle qu'ils doivent aller libérer Floyd. S'ils veulent briser le flacon en diamant, il leur faut atteindre l'harmonie familiale parfaite !

Les membres de BroZone enfilent leurs anciennes tenues de scène et se mettent à répéter. Mais les frères ainés de Branche continuent de lui donner des ordres, et il en a assez d'être traité comme un bébé. Puisque c'est comme ça, il va aller sauver Floyd tout seul !

Poppy décide de l'accompagner. Tout comme Ti Diamant qui les invite à monter sur son tricycle ! Puis les trois amis filent vers la grande ville de Mont Strueux, où Velvet et Veneer retiennent Floyd prisonnier.

Les deux chanteurs sont en train de se produire dans une arène appelée le Rage Dôme. Floyd se trouve dans leur loge. Pour éviter les gardes, Branche, Poppy et Ti Diamant escaladent le bâtiment à l'aide de gants collants.

– Je suis fatigué ! geint Ti Diamant. Portez-moi !

Une fois dans la loge, Branche et Poppy repèrent le flacon en diamant, où Floyd est enfermé. Mais celui-ci les avertit : Velvet et Veneer projettent de capturer tous les membres de BroZone !

Les méchants chanteurs ont d'ailleurs déjà attrapé John Dory, Clay et Bruce.

Branche et Poppy doivent déguerpir et vite !

Sur le tapis rouge, Velvet et Veneer sont en train de saluer leurs fans, quand Branche bondit devant eux.

– Libérez mes frères ! exige-t-il.

– Vous êtes des imposteurs ! les accuse Poppy, qui a rejoint son ami.

Démasqués, la sœur et le frère s'enfuient à bord de leur belle voiture de course !

Les deux faux chanteurs ne se contentent pas de fuir. Ils donnent un concert depuis la scène installée sur le toit de leur voiture !

Branche parvient à les rattraper et à bondir sur l'épaule de Velvet. Mais celle-ci l'écarte du revers de la main.

– Non ! hurle Branche, en chutant.

Heureusement, il réussit à s'accrocher à Rhonda.

Mais voilà qu'ils atteignent bientôt la fin de la route ! Velvet et Veneer sautent de leur voiture et atterrissent sur un yacht qui voguait le long d'une rivière.

Poppy et Branche regardent le bateau s'éloigner.

– Qu'est-ce qu'on fait, maintenant ? demande-t-elle.

– On fonce ! lance Ti Diamant, avant de presser le bouton Turbo Disco.

Lorsque Branche et Poppy rattrapent le yacht, ils ont la surprise d'être rejoints par Viva ! Celle-ci a surmonté sa peur pour venir les aider. Ensemble, ils parviennent à sortir John Dory, Spruce et Clay de leurs cages sur les costumes de Velvet et de Veneer.

Maintenant, il ne leur reste plus qu'à libérer Floyd !

Seulement, le frère et la sœur grimpent tout en haut du yacht, en l'emportant avec eux. Ils veulent utiliser ce qui reste de son talent de Troll pour chanter encore une fois !

Branche sait que ses frères et lui peuvent sauver Floyd.

– Les gars, leur dit-il, on n'a pas besoin d'être parfaits. On doit juste être ensemble.

Mené par Branche, le groupe parvient à chanter en harmonie ! Le flacon en diamant se met alors à briller. Quand Floyd trouve assez de force pour ajouter sa voix... la bouteille finit par voler en éclats !

Floyd est libre ! Le champ de force magique projette Velvet et Veneer dans la rivière.

– Tu as réussi ! clame Poppy, en serrant Branche dans ses bras.

– Nous avons réussi ! rectifie-t-il fièrement.

Peu de temps après, sur l'île des Vacances, les membres de BroZone donnent à nouveau des concerts. Avec deux nouvelles recrues : Poppy et Viva. Tous ensemble, ils forment un groupe génial !